Erwachsene Farbe nach Nummer

Blume

Farbtestseite

1.Vert

1.Violet 2. Sarcelle 3. Marine

4.Lime 5. Bleu 6. Jaune

1.Jaune

1.Crimson 2. Citron vert 3. Magenta
4. Bleu 5.Rouge 6. Jaune

1.Crimson 2. Rose foncé

4.Jaune 5.Violet 6.Vert

1.Rouge 2.Marine

1.Vert 2. Rouge

1.Pérou 2.Bisque

3.Jaune

1.Bleu2.Rouge 3.Jaune

1.Orange rouge 2. Rouge
3.Marine 4.Noir 5.marron

1.Jaune2. Noir 3.Violet

4.Tomate 5. Saumon

1.Jaune 2.Vert

1.Vert 2. Rouge 3.Jaune

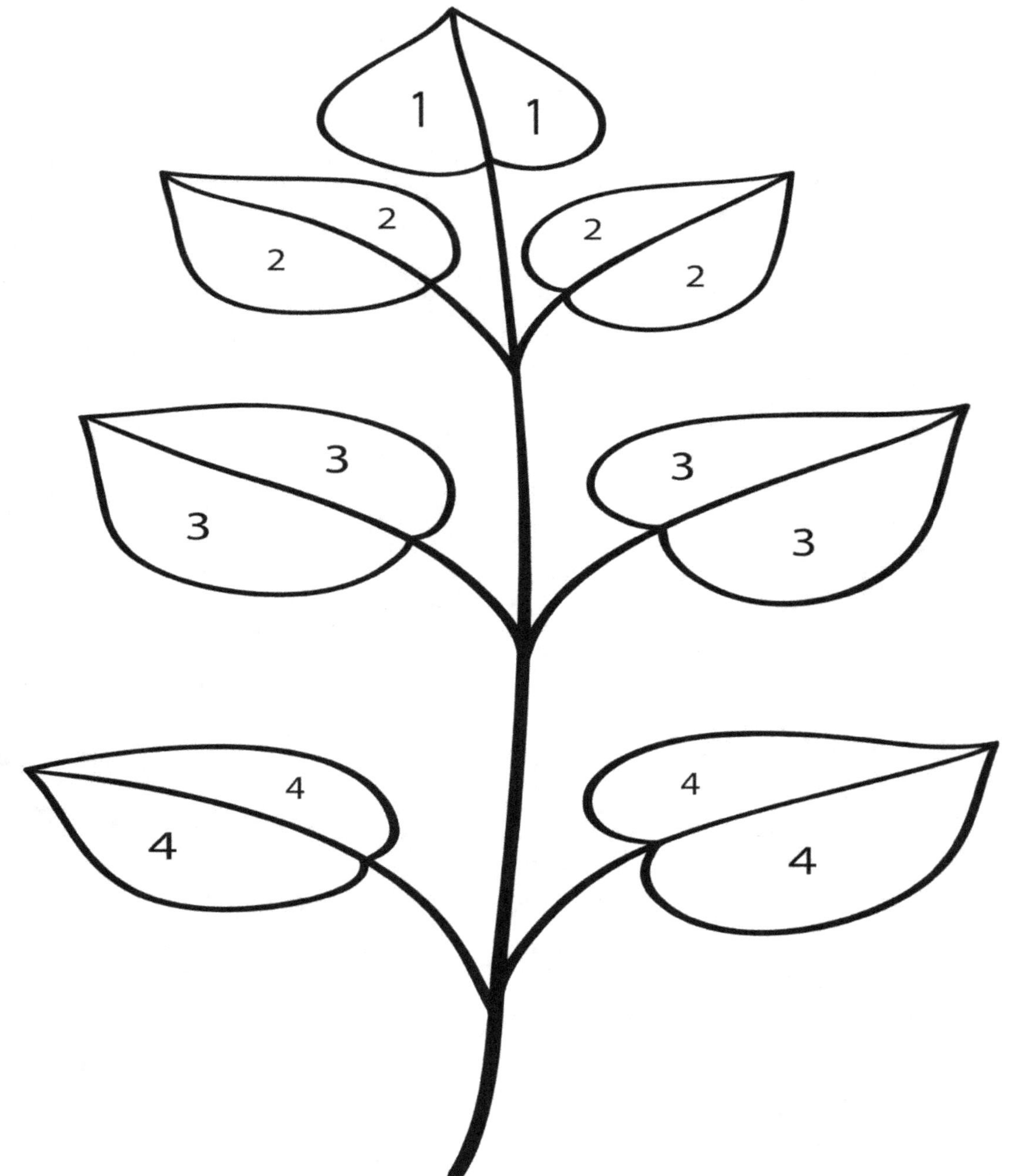

1.Jaune 2. Rouge

3.Lime 4.Marine

1.Jaune 2.Rouge

1.Jaune 2.Rouge 3.Vert

4.Violet 5.Marron rosé

1.Violet bleu 2. Blé 3.Vert
gazon 4. Rouge orangé

1.Bleu 2.Marron rosé

3. Citron vert

1.Marron rosé 2.Jaune

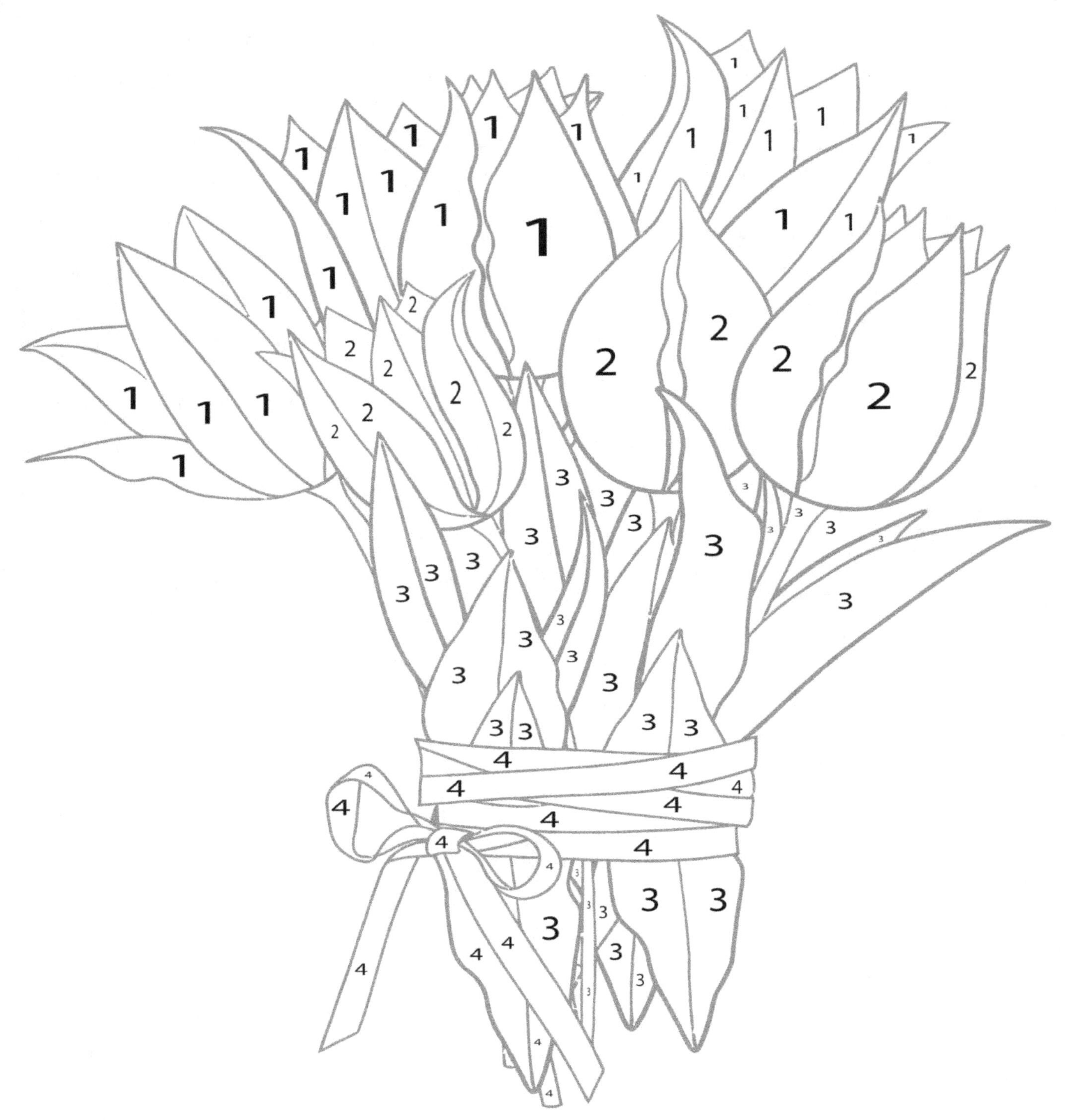

1.Rouge 2. Bleu

3.Jaune 4. Magenta

1.Jaune 2. Rouge 3.Lime

4.Marine 5.Vert foncé

1.Jaune 2.Vert

3.Rouge

1.Vert 2.Rosybrown 3. Noir 4.Blanc
5.Violet 6. Bleu moyen

1.Jaune 2.Vert

3.Rosybrown 4. Rouge

1.Jaune 2.Marron

3.Violet 4.Marron

1.Vert 2.Jaune

3.Marron rosé

1. Olive 2.Cyan 3.Sarcelle
4.Brique réfractaire 5. Rose

1.Rouge 2. Vert 3.Corail
4. Olive 5. Bleu violet

1.Lime 2.Magenta

3.Olive 4.Rouge 5.Jaune

1.Jaune 2.Vert

3.Rouge

1.Lime 2. Magenta

3.Jaune 4.Rouge

1.Bleu 2.Lime 3.Jaune

4.Violet 5.Rouge

1.Rouge 2.Vert 3. Brun rosé
4.Brun selle 5.blé 6.rose

1.Jaune 2.Vert 3. Rouge

1.Jaune

2.Vert 3.blé

1.Rouge 2.Violet 3.Marine

4.Crimson 5.Jaune

1.Marron rosé 2. Jaune 3.Vert

4.Corail clair 5.Rouge

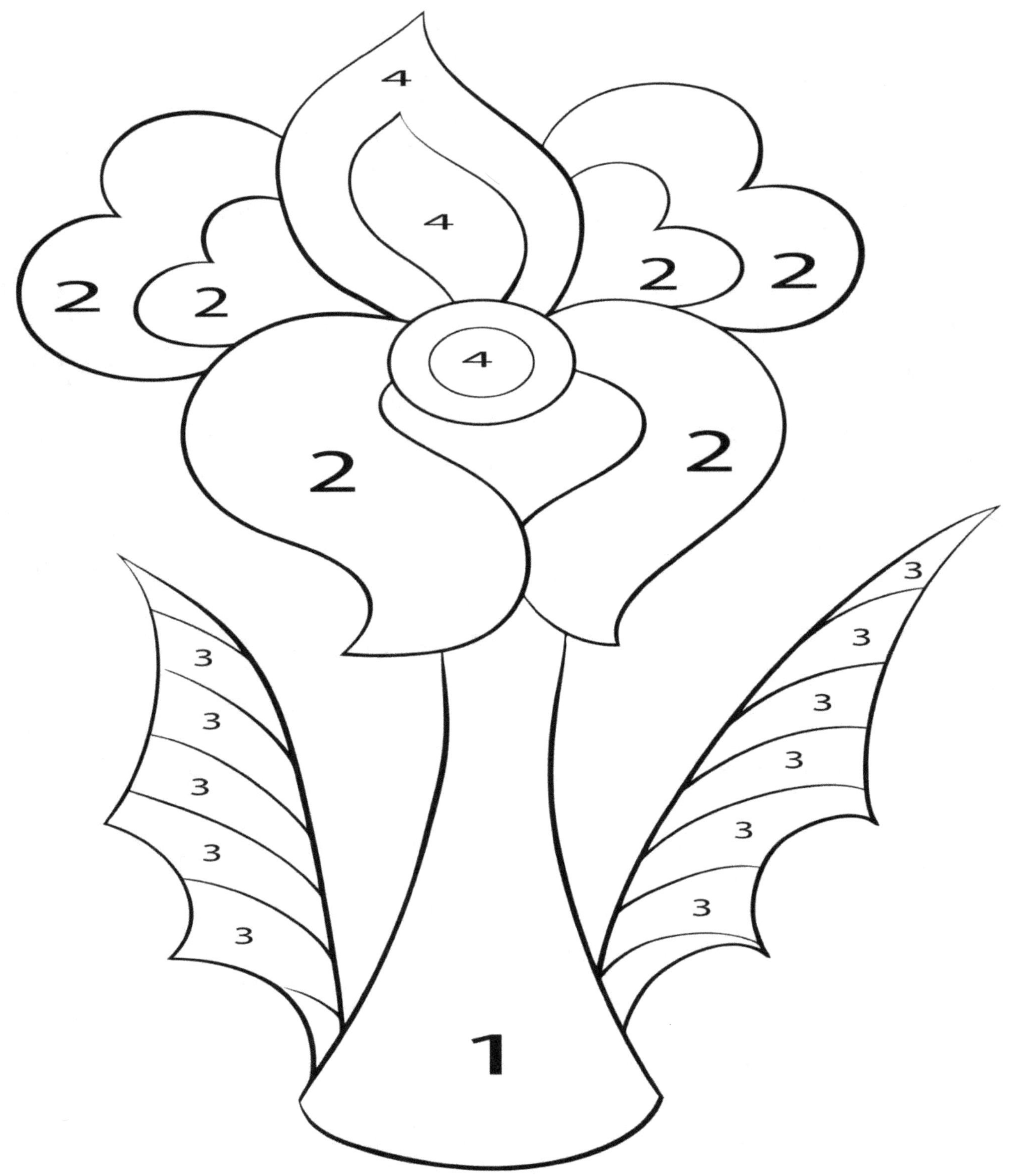

1.Rose vif 2.Rouge

3.Vert 4. Jaune

1.Vert 2. Rouge

1.Marron rosé 2.Vert

3.Rouge

1. Rouge

1.Marron rosé 2.Rouge
3.Vert

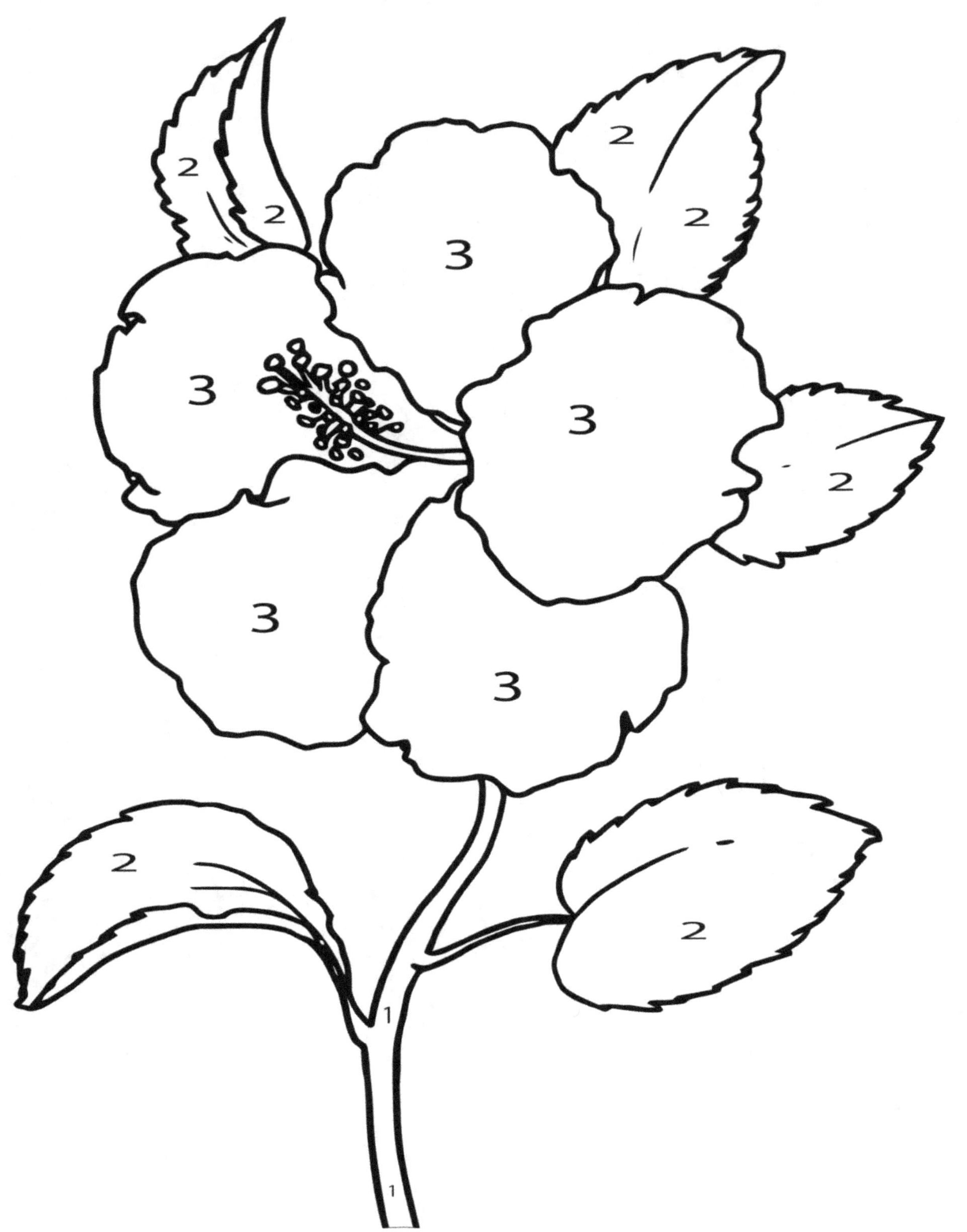

1.Marron rosé 2.Vert

3.Rouge

1.Rouge 2.Tomate 3.Jaune

1.Marron rosé 2.Vert

3.Jaune 4.Rouge

1.Marron rosé 2. Vert
3.Rouge

1.Marron rosé

2.Rouge 3. Vert

1.Rose 2.Vert 3.Jaune

4.Rouge

1.Marron rosé 2.Jaune 3. Vert
4. Rouge

1.Chardon 2.Vert foncé

3.Rouge foncé 4. Magenta